# RÉFLEXIONS

SUR

# LES CAUSES

ET

# LES ÉVÉNEMENS

# DE LA RÉVOLUTION,

Par un Député Suppléant de Paris.

# A PARIS,

Chez Desenne, Libraire, au Palais-Royal.

1790.

Ci-devant Gentilhomme, fans être Grand-Seigneur, j'allois à la Cour, & cela ne m'a pas empêché de defirer vivement une révolution qui, nous délivrant du pefant joug de l'efclavage, nous conduit à la liberté que j'adore. Nous fommes en effet libres, puifque nous n'obéiffons plus qu'à la Loi, & nous le refterons malgré les efforts des ennemis de la Conftitution.

Cette idée & ce fentiment me fuffifent pour être parfaitement content ; je n'effaye pas de les affoiblir en recherchant fcrupuleufement les imperfections de notre Conftitution. L'expérience nous les fera connoître, & nous les ferons aifément difparoître, puifque nous avons acquis le droit de perfectionner, corriger & changer.

Mon patriotifme me dicte les réflexions fuivantes, je les foumets à mes concitoyens.

Barbantane, Député Suppléant de Paris, Colonel du Régiment d'Aunis.

# RÉFLEXIONS

*Sur les caufes & les événemens de la révolution.*

Assez d'autres ont fait mention de tous les vices de l'ancien Gouvernement, affez d'autres ont clairement démontré que la France n'avoit ni contrat focial, ni loix conftitutionnelles ; que les caprices des Rois & des Miniftres gouvernoient cet Empire; que des freins legers, impuiffans, portant dans leur compofition des principes attentatoires aux droits des Peuples, n'é-toient que des fléaux de plus. Tranfportons-nous tout de fuite au moment où les fautes de toute efpece, l'ineptie monftrueufe des dernieres adminiftrations d'une part , & l'Affemblée des Notables de l'autre, ache-verent d'éclairer la Nation fur l'abîme où elle étoit plongée. Ce fut alors que des Citoyens éclairés virent que cet abîme devoit amener un grand réveil, qu'il falloit en profiter pour n'y plus retomber. De bons écrits circulerent de toute part ; des Affemblées fe formerent ; chacun chercha à éclairer ou à s'éclairer, pour agir plus ou moins utilement, fuivant fes talens & fon énergie. La volonté fut ardente , le zele actif. Soit raifon , foit politique, commencerent à s'écrier les vrais amis de la liberté dans les Clubs, dans les Affemblées, dans les Sociétés particulieres : — il faudra céder aux lumieres, à la Juftice qui feront appuyées par la Nation entiere ; toute réfiftance fera vaine & ne produira que des défordres & des victimes. Il étoit malheureufement néceffaire que l'expérience vînt éclairer. Il y a eu des défordres, il y a eu des victimes ; il y en a encore, & il y en aura par-tout où cette réfiftance exifte, exiftera ou paroîtra même exifter , foit dans le fait, foit dans l'opinion

Tout le monde fçait combien à l'ouverture des Etats-Généraux ( pour fe fervir de l'ancienne expreffion ) les intrigues de Cour , l'Ariftocratie des Corps, celle des individus s'efforcerent de les reftreindre dans les limites des Affemblées précédentes, c'eft-à-dire à la fupreffion de quelques légers abus. Le Peuple auroit payé les déprédations monftrueufes des Miniftres &

des Courtifans, & en fuccombant fous le poids des impofitions, il n'auroit acquis aucun avantage préfent & aucun titre pour fa fauve-garde à venir; il s'établit donc une lutte des intérêts particuliers puiffants, contre le grand intérêt public. Cette lutte produifit une fecouffe violente qui, fi elle a empêché à quelques égards la marche lente de la raifon, lui a fait franchir une efpace immenfe. La liberté eft fortie comme un torrent du fein de l'efclavage, & elle a produit une explofion d'énergie & de lumieres. Des fiecles ont-femblé s'écouler en quelques mois. Le defpotifme & l'ariftocratie vaincus. Une Affemblée nationale s'eft formée, & de ce moment la France a été libre.

Les Communes ( toujours pour exprimer ce qu'elles étoient alors ) fe font acquifes une gloire immortelle. Sourdes aux intrigues, & remplies de la dignité de leurs fonctions, elles ont attendu avec calme & tranquillité la réunion générale de tous les Repréfentans de la Nation, & elles ont pris la réfolution de périr, plutôt que de ne pas remplir le vœu de leurs Commettans, dévouement héroïque qui leur affure à perpétuité la reconnoiffance de la Nation.

L'Assemblée Nationale formée, le Roi Législateur provisoire a reconnu ses droits, il a reconnu en elle l'Assemblée législative souveraine, & elle a fait usage de son pouvoir pour le reconnoître Roi des François, pour le proclamer son Magistrat suprême & y ajouter le titre glorieux de Restaurateur de la liberté françoise. Quelle époque heureuse pour une Nation que celle où elle recouvre ses droits, lorsqu'elle ne comptoit dans son histoire que des siécles d'esclavage !

Alors tout a été dans l'ordre naturel & politique. Le Souverain, qui est le Peuple, a fait les loix par ses Représentans, le chef suprême de la Nation, & la Nation y ont été soumis.

Les évènemens, qui ont dirigé cette époque & qui ont amené ce résultat, ont été vus, interprêtés, loués, blâmés suivant les opinions diverses & suivant les différens caracteres.

Quelques-uns ont dit avec douleur, d'autres avec indignation : — falloit-il donc débaucher l'armée ? falloit-il armer le Royaume ? falloit-il déprifer, avilir l'autorité du Monarque ? falloit-il causer les désordres qui ont eu lieu contre les individus, contre les propriétés ? falloit-il enfin

livrer le Royaume à l'anarchie ? Ne pou-
voit-on pas paffer à un meilleur ordre de
chofes avec tranquillité, & laiffer agir l'im-
pulfion de la volonté générale. — Ils font
bien abominables , bien fcélérats les
hommes qui ont provoqué par leurs écrits,
par leurs menées cet état de défordre dont
on aura tant de peine à fortir.

Voici la réponfe à fes plaintes & griefs
irréfléchis.

Si après la convocation des Repréfentans de la Nation, quelque vicieufe qu'elle
eût été , on eût laiffé le libre cours des
opinions , les difcuffions libres auroient
éclairé , & l'opinion publique eût mené
paifiblement à une marche jufte , raifon-
nable & conforme aux vrais intérêts du
Peuple. Mais au lieu de cette marche libre
& fage , les diverfes intrigues de Cour fe
font d'abord mêlées infidieufement au milieu des Affemblées , elles amenerent enfuite
la fameufe féance royale , le changemnet
de Miniftres , & enfin l'inveftiture des
Etats-Généraux & de la Capitale par des
Corps de troupe confidérable. Alors la
guerre a été véritablement déclarée entre
les Courtifans , les perfides Confeillers
du Monarque & le Peuple.

Parmi les Députés des ci-devant Ordres ,

un grand nombre s'étoit déjà diftingué dans toutes les parties du Royaume par des écrits, des difcours pleins d'énergie, de lumieres & de talent. Cette claffe de Citoyens étoit prête à faire le facrifice de leur exiftence & de leur liberté pour l'établiffement de la Conftitution. Il s'éleva au milieu d'eux des hommes d'une trempe de caractere plus forte, plus énergique & peut-être plus paffionnée. Ceux-ci fentirent que s'expofer eux-mêmes, c'étoit rifquer le falut de la France. Ils virent la néceffité de repouffer la force par la force. En conféquence, ils fe hâterent de fe fervir des armes qui étoient en leur pouvoir.

Des écrits plus multipliés que jamais prouverent évidemment au Peuple que l'on tentoit par tous les moyens poffibles de le priver de droits juftes & légitimes. Les mêmes écrits lui préfenterent avec énergie que la poffibilité d'acquérir fa liberté & de recouvrer fes droits alloit lui être ravi fans retour. Des amis de la liberté répéterent d'un bout du Royaume à l'autre ces effrayantes vérités ; ils tirerent le Peuple de fon engourdiffement, l'éveillerent fur le danger, & auffi-tôt des bayonnettes civiques brillerent de toutes parts. Enfin ces mêmes écrits & ces mêmes patriotes firent fentir à l'armée qu'elle étoit inftituée pour défendre la Nation contre les ennemis, & non pour fervir le defpotifme en opprimant les Citoyens. Cette vérité pénétra facilement dans les efprits & dans les cœurs. L'armée augmenta le nombre des défenfeurs de la liberté, & par un dévouement patriotique renverfa les projets fanguinaires des ennemis de la révolution.

La ville de Paris, fi importante par fa population, étoit témoin des actes hoftiles de tous les genres qui fe paffoient fous fes yeux; elle éprouvoit qu'ils étoient plus directement dirigés contre elle, & l'influence des difpofitions générales pour tout le Royaume fe fit fentir plus promptement dans fon fein. Elle a fervi d'exemple à la France par les actes de civifme qu'elle lui a préfentés dans tous les genres.

Si de la néceffité de repouffer de toutes parts les fureurs du defpotifme, il en eft réfulté un choc violent qui a ébranlé tous les refforts de l'ancien Gouvernement, fans avoir laiffé le temps d'en établir de nouveaux; fi cette fituation a amené l'anarchie & les défordres qui en font la fuite; fi l'autorité du Monarque a été fans force & fans vigueur, on demande fi le tort vient de ceux qui ont attaqué, ou de ceux qui se sont défendus ; on demande si le Gouvernement par ces actes d'hostilités n'a pas forcé la Nation à défendre des droits légitimes ; si les désordres, les victimes ne doivent pas être attribués à ses perfides desseins, & si les éloges les plus mérités ne sont pas dus à ceux qui par leur patriotisme & leur énergie ont contribué à empêcher que les fers de la Nation fussent plus fortement rivés.

Mais ce sont des ambitieux, des intriguans, a-t-on dit, qui, sous le prétexte de servir la cause du Peuple, veulent satisfaire leur ambition particuliere ; on répondra qu'à cette époque ils ont certainement fait le bien ; que si cette passion a été effectivement le mobile de quelques-uns, lorsqu'elle se dirige vers le bien public, elle peut seule, former des hommes capables de faire triompher la cause de la liberté.

Sans l'énergie, l'activité, l'intelligence de ses excellens patriotes, nous serions encore esclaves. Si les moyens qu'ils ont employés n'avoient pas eu un effet si grand, si général, le Roi, entraîné par ses perfides Conseils, eût peut-être attenté à la liberté des membres de l'Assemblée Nationale, & même eût-il essayé de dissoudre cette

Affemblée, & certainement une femblable conduite auroit impofé à tous les bons Citoyens la dure & cruelle néceffité de s'armer contre lui, comme ils auroient dû donner jufqu'à la derniere goutte de leur fang pour le défendre contre tout factieux qui auroit ofé faire quelqu'acte hoftile contre fa perfonne, lorfqu'il auroit été réuni aux Repréfentans de la Nation.

Mais, ajoutera-t-on encore, fi c'eût été le vœu bien légitime du Peuple, il fe feroit exprimé de lui-même, & on n'eût pas eu le befoin d'employer des moyens qui ont certainement compromis la tranquillité publique. Cette opinion eft une erreur. — On vouloit tromper le Peuple, & il a fallu l'éclairer ; on vouloit l'opprimer, & il a fallu l'armer pour fa défenfe. Ah ! fi l'opinion publique n'avoit pas rendu légitimes par fon approbation les moyens qu'on employoit pour fauver la liberté, les hommes qui s'en font fervi n'auroient été alors regardés que comme des rébelles que cette même opinion auroit profcrit.

Mais enfin le Peuple a beaucoup abufé. — Oui, le Peuple long-temps vexé, long-temps opprimé, n'obtenant jamais juftice de gens riches, puiffans, s'eft porté à des

excès qui ont fait frémir tout homme sen-
fible , mais quelques condamnables qu'ils
ayent pu être, nous ofons le dire, l'Hiftoire
cherchera à les juftifier.

Dès que l'Affemblée Nationale fut formée, elle fut divifée en deux partis. Les
uns voulant la Conftitution , les autres
defirant que l'ancien Gouvernement fub-
fiftât. Par conféquent, les uns vouloient le
bien & les autres le mal.

Dans les deux partis, il y avoit des difpofitions & des paffions différentes. Dans
l'un , étoient des ambitieux éclairés ,
hommes à grand talent, à grand caractere,
qui vouloient la Conftitution, la liberté,
& qui varioient feulement fur les bafes qui
devoient en fixer l'établiffement ; dans
l'autre , étoient également des hommes
ambitieux, ayant de l'énergie, du talent,
mais voués à la mauvaife foi, à l'intrigue
& aux abus des Cours. On voyoit auffi
d'un côté quelques hommes entiérement
dévoués au fentiment de la liberté, à
toutes les grandes paffions qu'il excite, &
tellement concentrés dans le grand intérêt
de la chofe publique, que toute autre paf-
fion, tout autre intérêt, ne pouvoient les
en diftraire ; enfin, on voyoit dans les

partifans de l'ancien Gouvernement des hommes conduits par l'habitude, aveuglés par les efprits de corps, par les intérêts particuliers, imbus de préjugés, effrayés des événemens qui tous, croyoient l'Etat perdu. Quel eft le Citoyen ami de la liberté, mais fenfible à l'amitié, aux affections particulieres, qui n'ait pas eu à s'affliger de voir dans fes proches, dans fes amis, gens eftimables, ayant même bien fervi leur pays, des hommes étrangers à tout fentiment de liberté, étrangers aux bienfaits de la nouvelle Conftitution, en parlant avec amertume, regrettant le defpotifme & toutes fes horreurs, ils ne vouloient voir que le préfent, s'obftinant même à ne pas bien diftinguer les caufes des défordres qui les affectoient, & ils ne vouloient pas fixer leurs regards dans l'avenir ; à la vérité, l'âge ôtoit l'efpérance à un grand nombre.

Plaignons ces Citoyens que leur vie paffée rend refpectables, laiffons les vivre en paix, & efpérons que les bienfaits de la nouvelle Conftitution les conduiront à la chérir. (1)

---

(1) M. l'Evêque d'Autun a peint avec fenfibilité dans l'Adreffe, qu'il a été chargé de rédiger, le malheur réel que la révolution a fait éprouver à une claffe de Citoyens par la divifion des opinions qu'elle a introduite dans le fein

Il exista aussi bientôt dans l'Assemblée Nationale, parmi les hommes que l'amour de la liberté avoit ralliés & qui y avoient marché du même pas jusqu'à la réunion générale, des divisions d'opinions. Elles se porterent d'abord sur les événemens. Les uns blâmerent les moyens employés, & ils auroient voulu attendre siégeant à leurs postes les effets de leur courage personnel. D'autres, ayant des têtes plus foibles, des caracteres moins forts, ne s'étoient point préparés aux orages qu'une révolution pouvoit amener dans un grand Empire. Ces orages leur parurent des monstruosités, & ils n'en sçurent apprécier ni les causes, ni les effets; la différence d'opinion sur les bases de la Constitution vint se mêler à celle des événemens. Les personnalités & l'aigreur commencerent à s'établir. On s'accusa d'un côté de mêler l'intérêt personnel à ses

---

des familles. En effet, c'est dans les instans les plus orageux, les plus intéressans de la vie, qu'il est extrêmement pénible, non-seulement de ne pouvoir se livrer aux mouvemens de confiance qui en faisoient le charme habituel, mais encore d'être forcé à s'éloigner de ses affections les plus cheres pour ne pas ajouter aux malheurs de leurs opinions. Il est des hommes sensibles, les partisans les plus chauds de la révolution, pour lesquels ce sacrifice a été peut-être le seul, mais sûrement le plus pénible de tous.

opinions ; de l'autre on se porta avec plus de véhémence en reproches vifs contre les auteurs prétendus des désordres. Cependant, si alors, à quelqu'exception près, l'amour du bien public n'etoit pas le seul mobile, il étoit certainement le premier dans toute cette classe de Députés qui avoient desiré la Constitution & la liberté.

De la guerre qui eut réellement lieu entre la Cour appuyée de toutes les classes d'hommes qui y tenoient , de tous ceux qui jouissoient des abus de tous genres dont on prévoyoit la destruction , & le Peuple ayant à sa tête les amis chauds de la liberté, la victoire resta entiérement à ses derniers ; ils ne purent pas néanmoins éloigner de leur sein leur nombreux ennemis. Le champ de bataille resta à la liberté, mais il falloit en fixer l'établissement. Plus la jouissance en étoit grande , plus les inquiétudes devinrent vives ; elles causerent par-tout une grande agitation, une grande fermentation qui éclaterent de mille façons différentes.

Tout le monde sçavoit combien le Roi étoit bon, honnête homme, voulant le bonheur de son Peuple ; mais les exemples récents apprenoient l'empire que les mal intentionnés avoient fur lui. On fçavoit que fi un grand nombre étoit forti du Royaume, il en exiftoit qu'on ne pouvoit écarter. Quelques-uns des Miniftres dont on avoit fouhaité le retour ne tarderent pas à infpirer de la défiance, foit que leur marche ne fût pas franche & décidée pour l'établiffement de la Conftitution, foit que le pouvoir exécutif, devenu fans force par la méfiance qu'il avoit infpirée; les embarras extrêmes qu'ils en éprouvoient leur cauferent du découragement; on trouvoit que leur ton, leurs actions n'étoient pas ceux des vrais amis de la liberté; on trouvoit qu'ils ne répondoient pas aux marques de confiance qu'ils avoient reçues de la Nation (1).

Dans cette fituation extérieure des efprits, l'Affemblée entreprit fes travaux; les Ariftocrates par leurs menées, par leurs intrigues, gagnerent des Membres des Communes & du Clergé. L'Affemblée, divifée en deux partis, pofa les premieres bafes de la Conftitution au milieu des féances orageufes, & peut être que fans la fermentation extérieure, & la crainte qu'elle

---

(1) Le Difcours du Roi à la Séance du 4 Février, la Proclamation, l'adhéfion pofitive aux actes de fédération ont pu changer cette opinion.

infpiroit

infpiroit à beaucoup de Membres, que la majorité qui s'établit en faveur des Patriotes n'eût pas exifté.

Les journées des 5 & 6 Octobre arriverent alors. Le régiment de Flandres, venu à Verfailles fans aucuns motifs réels; le repas des Gardes-du-Corps, qui fit frémir & indigna tous les bons Citoyens qui s'y trouverent, pendant que tant d'acteurs & fpectateurs y affiftoient avec triomphe; cette tentative enfin de faire ôter la cocarde nationale, cet excellent point de ralliement de la liberté : tous ces faits réunis fixerent l'attention des fentinelles patriotes. On fçut qu'il fe tramoit un projet à l'infçu du Roi, de le conduire à Metz. On peut juger par la fermentation qui régnoit dans toutes les têtes, de l'effet que cette nouvelle, répandue dans la Capitale, dut y produire.

L'hiftoire apprendra bien pofitivement jufqu'à quel point cet infernal projet a eu de fondement. Mais, comment peut-on s'étonner que, fur le foupçon même d'un fait qui alloit mettre tout le Royaume en combuftion, compromettre peut-être les jours d'un Monarque chéri, mettre enfin la Conftitution que l'on s'occupoit d'établir en danger? Comment peut-on s'étonner

du parti qui fut pris , d'engager le Roi
à venir s'établir à Paris? On peut dire que
ce projet & son exécution, conçu par les
hommes que leur caractere & leur énergie
ont mis à la tête de la révolution, a, de
nouveau, fauvé l'Etat.

Le Roi, éclairé fur les perfides trames
qui l'entouroient, n'a pas eu même befoin
d'être dirigé par le fentiment qui ne le
quitte jamais, le bonheur de fon peuple,
pour venir au milieu des habitans de la
Capitale, raffurer effentiellement toute la
Nation fur le danger que de perfides ennemis pouvoient renouveller fans ceffe. Il
s'eft réfigné à habiter la Capitale, pour ne
plus donner de pareilles inquiétudes à fon
peuple ; il s'eft réfigné en pere à ce facrifice , comme à beaucoup d'autres. Quand
la Conftitution fera faite ; quand fes ennemis, n'ayant plus l'efpoir de la troubler,
ne tenteront plus d'abufer de fa bonté pour
le tromper, il eft fait pour reconnoître
cette vérité, contre laquelle les fophifmes
ne peuvent rien, c'eft que lorfque la volonté des Rois eft foumife à la loi, loin
que le trône en foit avili, fa profpérité &
fon éclat en font bien plus folidement affu-
rés; c'eft qu'une bonne Conftitution, met-
tant l'empire à l'abri des caprices , des

foibleffes des Rois, des vexations des Miniftres, des Agens de leur autorité, des Courtifans enfin, elle affure aux bons Rois une
tranquillité perfonnelle, dont l'expérience
lui a trop appris qu'il ne pouvoit pas jouir,
lorfque l'adminiftration flottante & incer-
taine entraîne d'écarts en écarts.

Ce Monarque jouiffant ainfi perfonnellement des bienfaits de cette nouvelle Confti-
titution, fe rappellera fans ceffe avec d'autant
plus de fatisfaction l'engagement facré qu'il
a pris en fon nom & au nom de la Reine,
d'élever fon fils dans les principes qu'elle
renferme. Le difcours qui contenoit cet engagement, a été applaudi avec tranfport
dans tout le Royaume ; il devroit fervir
d'exemple à tous les Potentats de l'Europe ;
en imitant cet acte glorieux du Reftaura-
teur de la liberté françoife, ils partage-
roient fa gloire, & rendroient aux Nations
des droits réclamés par la juftice ; par-là
ils épargneroient bien du fang & des larmes ;
car tôt ou tard la conquête de la liberté
gagnera fucceffivement tous les autres Etats
de l'Europe, & peut-être l'univers.

On ne doit affurément pas confondre,
dans les journées du 5 & 6, l'événement
qui, fur la croyance qu'on alloit mener le
Roi à Metz, fit exécuter le projet d'aller

éclairer ce Monarque , & le déterminer à venir dans la Capitale , avec les atrocités qui fe commirent , ou que l'on voulut , dit-on , commettre dans la matinée du 6, le peuple, dans fon indignation, dans fa rage, s'eft-il porté naturellement à fes horribles excès , ou des haines particulieres ont-elles voulu profiter des défordres de l'événement pour diriger fa fureur? c'eft ce que le tems éclaircira. Le Châtelet a reçu beaucoup de dépofitions , & paroît pourfuivre cette procédure. S'il fçait reconnoître les criminels même au milieu des hommes que l'on a regardés comme les vrais amis de la liberté, il peut faire dreffer les échafauds; l'opinion publique éclairée y applaudira. Mais que ce Tribunal prenne bien garde de ne pas faire la plus légere confufion ; car alors elle l'écrafera.

Ce fut à la fuite des événemens du 5 & du 6, que l'Affemblée perdit deux de fes Membres. Tous les deux ont une grande réputation de probité, tous deux ont des lumieres & des talens. L'un avoit contribué au grand exemple que le Dauphiné avoit donné à la Nation ; on a été même jufqu'à lui en attribuer toute la gloire. L'autre a une éloquence diftinguée ; il en avoit fait jufqu'alors l'ufage d'un homme vertueux.

Ils avoient tous les deux les mêmes opinions fur les bafes de la Conftitution ; ils en vouloient une à-peu-près femblable à celle de l'Angleterre. Leurs principes conftitutionnels furent différens de ceux de la majorité des Patriotes, membres de l'Affemblée. Dès ce moment, ils parlerent avec chagrin de fes travaux , & dirent que le Royaume étoit perdu. On leur reprocha d'être aveuglés par leurs opinions, égarés par leur amour-propre ; le patriotifme contribua fûrement auffi à leur donner cette exagération dans leur maniere de voir. C'eft dans cette difpofition, quel qu'en fut le principe, que les journées du 5 & 6, les porterent à s'éloigner des travaux dont ils n'étoient pas fatisfaits, & d'événemens qui leur faifoient horreur. En vain tenteroit-on de juftifier ce départ ; quand les hommes font revêtus de fonctions auffi importantes ; quand leur talent les appelle à tenir le gouvernail pour contribuer à le diriger, plus la tempête leur paroît orageufe, moins ils doivent abandonner le vaiffeau, & moins ils doivent ceffer un feul inftant de faire tous leurs effors pour l'empêcher de fe brifer. Ainfi, un tel départ a autorifé toutes les inculpations d'amour-propre ou de foibleffe, qui ont pu leur être faites.        B 3

Le Roi & l'Affemblée établis dans la Capitale, l'excellent efprit des Habitans éclata par le vœu bien manifefté, que l'Affemblée y délibéra avec la plus grande liberté. La bonne conduite de la Garde Nationale fe joignit à fes difpofitions, & fon digne Chef l'appuya de toutes les mefures les mieux combinées : auffi les hommes, ennemis jurés de la Conftitution, abuferent-ils plus que jamais de la liberté, contre laquelle ils combattoient ; ils ne fe contenterent pas d'être bruyans, tumultueux, ils furent indécens; les féances devinrent plus orageufes que jamais. On avoit befoin, pour calmer l'amertume d'un tel fcandale, de fe rappeller l'excellente réflexion d'un Ecrivain judicieux : « Comment voulez-vous que dans une Affemblée de douze cens perfonnes, dont les uns fecouent d'antiques chaînes, lourdes, pefantes, tandis que les autres s'efforcent de les river, qu'il n'en réfulte pas un tapage épouventable ? »

Au milieu de ce volcan, les travaux, néanmoins, avançoient, & les réfultats étoient en faveur de la liberté, l'Affemblée reftant toujours divifée d'opinions en deux partis; car on ne fçauroit faire mention des impartiaux, dont l'influence a été auffi nulle que le nom ridicule & ridiculifé.

Si la conformité des principes avoit toujours préfenté parmi les Membres de la majorité de l'Affemblée une union parfaite ,
on fçavoit néanmoins qu'il exiftoit des
haines, des divifions parmi les Patriotes les
plus diftingués; depuis quelque tems, elles
commencerent à éclater. Une féparation
d'une partie des Membres des Jacobins,
fous le prétexte de fe réunir en fociété
moins nombreufe, fut un premier fignal;
La follicitation vive de plufieurs bons Citoyens n'amena qu'un rapprochement ap-
parent. Bientôt l'imputation des griefs les
plus vifs, les plus forts, les plus amers éclaterent. Ils font pleins d'amour-propre & de
fatuité, dirent les uns; ils veulent ramener
à eux tout l'honneur de la révolution, en
retenir tout le profit. En conféquence , ils
déprifent tous les hommes de génie, de
talent , qui ont le plus mérité de la patrie ;
ils attaquent même les Patriotes les plus
honnêtes, en cherchant à jetter fur eux le
venin du ridicule & de la médiocrité. L'intrigue la plus active , la plus fuivie eft
l'arme dont ils fe fervent; ils emploient une
foule d'Ecrivains qu'ils maîtrifent par toutes
fortes de moyens : enfin, ce font des hommes tout entiers à leur ambition , à leur
amour-propre ; & s'ils entrevoyoient que la

tranquillité pût revenir fans leur laiffer la certitude des premiers fuccès, des 1.<sup>ers</sup> triom-
phes & des premieres places, ils prendroient
toutes fortes de mefures pour l'empêcher
de renaître. Ceux qui fe trouvoient impli-
qués par ces inculpations monftrueufes,
dirent de leur côté, que les autres voyant
que la Conftitution étoit prête à s'achever,
vouloient s'occuper d'eux ; qu'en conféquence, ils fe rapprochoient de la Cour,
les uns pour en recevoir des places, les
autres de l'argent ; qu'ils étoient en un mot
corrompus, & qu'on s'en appercevroit dans
les grandes queftions qui devoient fe traiter
pour pofer les dernieres bafes de la Conftitution ; qu'il étoit fûr qu'ils opineroient
pour déléguer à la prérogative royale des
droits contraires aux principes de la liberté
qui ont été établis jufqu'ici dans la Conftitution ; ils inculpoient particuliérement un
homme (1) qui a une grande confidération,

---

(1) Un homme qui, dès l'âge de 16 à 17 ans, a réfifté
aux follicitations & aux efforts d'une famille puiffante en
crédit, pour ne pas accepter une charge à la Cour, par
haine pour la flatterie & l'efclavage ; un homme qui, à
18 ans, a quitté femme, enfans, amis nombreux, fociété
agréable, pour aller feul dans un autre hémifphere com-
battre en faveur de la liberté, & qui eut le courage de
ne pas obéir aux ordres du Roi, qui devoient l'arrêter
dans fa courfe, parce qu'il les fçavoit dictés uniquement
par le fenfible intérêt de fes proches ; ce même homme

.une grande popularité, & qui par fa conduite chevalerefque dans la caufe de la liberté, a été appellé au commencement de la révolution à un pofte que perfonne ne lui contefte d'avoir rempli avec la plus grande diftinction. Ils l'accufoient de fe laiffer gouverner par des foibleffes particulieres de fociété, d'intimité, & de fervir fon ambition.

Tous les vrais amis de la liberté, tous les bons citoyens avoient réuni tous les tributs de la reconnoiffance la plus vive à tous les hommes unis jufqu'alors pour la caufe de la liberté. Avec quelle amertume

---

enfin qui a fervi, pendant bien des années, la caufe de la liberté, ne rapportant que des éloges & pas un feul reproche, pas la plus petite tache, qui vient d'être dans fon pays un du nombre de fes zélés & ardens Patriotes qui ont contribué à l'établiffement de cette même liberté, qui, appellé perfonnellement à un pofte important, a été à même de rendre les plus grands fervices : ce même homme ne peut pas être taxé légerement de reproches contradictoires à une conduite fi éclatante, & on doit encore moins légérement croire de femblables reproches. Si a un grand amour de la gloire il joint une grande ambition, ne vient-il pas de montrer auffi qu'il avoit une grande capacité & habileté, & n'eft-on pas fondé à croire que fi fon ambition l'a dirigé vers les grandes places, fon caractere & fon talent l'y appellent ? N'eft-on pas fondé également, par fa conduite paffée, à avoir la certitude qu'il veut uniquement y cueillir les lauriers que la défenfe & le maintien de la liberté pourront lui procurer ?

tous ces griefs réciproques ne parvinrent-ils pas à leurs oreilles? Pourquoi venoient-ils altérer un tribut si pur, & qui sembloit dû à tant de patriotisme & de talens consacrés à la cause de la liberté? Pourquoi venoient-ils enfin donner des inquiétudes, quand on avoit encore si grand besoin d'espérances? Quelles tristes réflexions n'entraînoit pas ce mélange des petites passions des hommes au milieu de si grandes choses! Enfin, c'est à l'aide de ces petites passions qu'on dut se flatter qu'elles avoient exagéré, dénaturé, créé même les torts qu'on se donnoit mutuellement; on espéra que beaucoup de ces hommes seroient restés entiérement purs à la cause de la liberté, & que tous continueroient à être réunis, pour achever d'en établir les vrais principes.

Les circonstances amenerent alors la question importante du droit de faire la guerre & la paix (1). Peu d'écrits en avoient

_______________

(1) M. de Guibert, que la mort vient d'enlever, avoit traité cette question dans un excellent ouvrage. Cet homme si regretté de sa famille & de ses amis, si regrettable par ses excellentes qualités, avoit parlé le langage de la liberté, lorsqu'on n'y songeoit pas encore. Je suis étonné que quelques hommes de lettres, que les affaires du moment n'absorbent pas, n'aient pas songé à lui rendre le tribut d'éloges qui est dû à ses sentimens distingués, à ses talens, à son patriotisme, & à rendre sur-tout à sa mémoire, tout ce que l'opinion publique

fait mention, aucun Publiciste ne l'avoit traitée. Il eût été simple & désirable de la renvoyer au Comité de Constitution, dont les travaux immenses & importans ont été constamment faits pour inspirer la confiance. La question ajournée à huitaine, ils auroient eu le tems d'apporter le résultat de leurs réflexions & méditations, & chacun individuellement se feroit livré à un travail particulier; on décida d'en délibérer sur le champ : & l'on a vu beaucoup de Membres être alternativement de l'opinion de l'orateur qui parloit : effet très-simple, quand il n'y a qu'une diffidence, & que l'on n'a pas le tems de comparer toutes les idées que le choc des diverses opinions présente au même moment.

Tous les amis de la liberté se réunissoient pour que le droit de la guerre & de la paix n'appartînt pas au Roi. Un seul homme ne peut ainsi disposer de la vie & des propriétés de tous les Habitans d'une Nation, & l'expérience a trop éclairé sur les suites funestes d'un tel fléau : mais comment ce droit

---

trompée, lui a enlevé dans les derniers instans de sa vie, & qu'il eût très-certainement & très-promptement recouvré, si la mort ne fût pas venu moissonner dans la vigueur de l'âge cet homme qui a été dominé dans tous les instans de sa vie par l'amour du bien public.

seroit-il délégué ? comment tous les ressorts qu'il entraîne avec lui seroient-ils dirigés ? Voilà sur quoi les esprits avoient besoin d'être éclairés, pour prendre une décision sage. Les uns vouloient que le corps législatif eût purement & simplement le droit de faire la guerre & la paix ; les autres vouloient l'attribuer concurremment aux deux Pouvoirs, législatif & exécutif. Cette derniere opinion entraînoit nécessairement un grand développement & une rédaction d'articles, qui assigneroient les devoirs de chacun de ces deux pouvoirs. La division sur ces deux opinions parmi les amis de la liberté, & ses membres les plus éclairés, étoit bien propre à porter la lumiere dans cette importante question, d'autant que deux grands Orateurs se présenterent à la Tribune pour la discuter contradictoirement. Il est bien présumable que s'ils avoient été abandonnés au seul mouvement de la discussion, que la franchise, la loyauté, la bonne foi, les égards qui conviennent à des hommes d'un si grand talent, y auroient toujours régné entre eux ; que l'un & l'autre se seroient, ou rendus à leurs opinions respectives, ou peut-être rapprochés, ou, enfin, que s'ils n'avoient pu ni se convaincre, ni se réunir, quittant la lice en vrais freres

d'armes, en dignes collegues comme ils y fe-
roient entrés, ils auroient laiffé aux hommes
éclairés, à l'opinion publique, & fur-tout
à la poftérité à les juger.

Mais il falloit donc que les paffions particulieres, que l'on s'étoit flarté de voir
écarter à l'approche des grands intérêts
publics, vinffent s'y mêler. On a vu dans
toutes les queftions importantes, les hommes
fideles aux principes de la liberté, entraînés
à une expreffion violente, lorfque la décifion
approchoit, & qu'il pouvoit y avoir de l'in-
certitude fur la pluralité des fuffrages; mais
cette violence n'étant jamais directe aux
perfonnes d'une opinion contraire, tenant
abfolument à l'intérêt de la queftion, à un
zele vif, ardent pour la profpérité publique, les motifs étoient trop louables,
pour que la forme eût befoin d'être ex-
cufée. Mais lorfque des mouvemens étrangers paroiffent abfolument prédominer des
motifs fi louables, alors il en réfulte bien
certainement un tort réel, bien grave, celui d'influencer la difcuffion & la décifion
des objets les plus importans pour le bonheur d'une Nation, par de petits intérêts
particuliers.

Si la difcuffion & la décifion de cette
queftion a offert ce trifte tableau, avec

quel fentiment pénible les bons citoyens n'ont-ils pas vu que cette influence maligne agiffoit au milieu des Habitans de la Capitale, & y exerçoit une grande fermentation, lorfqu'ils ont vu fur-tout l'injuftice & l'iniquité avec lefquels on dénaturoit l'opinion des vrais amis de la liberté, en cherchant à la confondre avec celle fi diffemblable, de ces hommes qui n'ont ceffé d'en manifefter une contraire aux intérêts du Peuple; avec quelle douleur n'ont-ils pas vu l'abus effrayant que l'on faifoit des mêmes moyens, qui avoient été employés contre les ennemis déclarés de la Conftitution : cette conduite a montré qu'on ne craignoit pas d'égarer le Peuple, qu'on ne craignoit pas les fuites funeftes de femblables démarches, tant les paffions particulieres aveuglent. Quoi! s'écrioit-on le foir & le lendemain de cette journée, avec le fentiment le plus pénible, les hommes reconnus pour être d'excellens patriotes, pour avoir le plus contribué par leur caractere & leur énergie à l'établiffement de la Conftitution, que l'on regarde comme les plus fermes foutiens de la liberté naiffante, perdent de vue les grandes paffions qui les ont animés, Les grandes idées qu'ils devoient toujours avoir préfentes, compromettent tout ce qui eft fait, tout ce qui refte à faire, par des rivalités, des haines particulieres. Ah ! s'il eft vrai qu'ils aient pu, s'abreuvant de ces petites paffions, les mêler un inftant au fentiment du bien public, qu'ils s'empreffent de reconnoître leur tort, que cette journée les éclaire. La finiftre influence qu'ils ont voulu apporter à cette décifion, a été une journée de triomphe pour ceux contre lefquels elle paroiffoit principalement dirigée. Jamais on a bravé avec plus d'énergie, avec plus d'éloquence, avec plus de nobleffe l'opinion populaire. Qu'ils fongent, ces hommes, que le patriotifme vient d'accufer pour la premiere fois, que le Peuple, promptement éclairé, pourroit les juger rigoureufement, & changer bientôt pour eux le titre de bon citoyen, en celui de factieux ; qu'alors les armes dont ils auroient fait un fi déteftable ufage, pourroient fe diriger contre eux d'une maniere violente. Si au contraire, ils continuoient à pouvoir ufer d'une influence jufqu'ici légitime, pour égarer le Peuple : peuvent-ils ne pas penfer, fans frémir, qu'ils le rendroient fufceptible d'être excité par toutes les factions ; & que deviendroit alors la tranquillité fi néceffaire pour l'établiffement & le maintien de la Conftitution. Que ces hommes, auxquels un inftant d'erreur ne fçauroit ôter le titre de bons citoyens, de bons patriotes, tant ils ont mérité l'eftime & la reconnoiffance des vrais amis de la libetté, ne viennent donc plus altérer ces fentimens, & qu'ils fe laiffent diriger par des mouvemens dignes des glorieux travaux auxquels ils ont eu tant de part.

Et vous François, bons citoyens, amis de la liberté, qui avez concouru par vos lumieres, par votre énergie, par vos talens à fa conquête, réuniffez plus que jamais tous vos efforts pour fon établiffement & fa confervation. Sans vous laiffer aller à des craintes exagérées de contre-révolution, foyez toujours de bonnes fentinelles, fans vous laiffer entraîner à tout ce qne la licence de la preffe, à tout ce que les rivalités, les haines, les menées, les intrigues exagerent contre tous les hommes, auxquels vous croyez devoir de la reconnoiffance, je vous le répete de nouveau, foyez de bonnes fentinelles; que la liberté, le bien public foient vos idoles chéries, & que les confidérations perfonnelles n'aient de prix & de valeur pour vous, qu'autant qu'elles s'y rapportent. Appellés à de nouvelles élections, mettez tous vos foins, toute votre attention, toute votre activité à bien connoître

les

les hommes que vous devez choifir. Ne
vous laiffez pas féduire par quelques perfonnes, qui depuis que la révoluion a pris
un cours décidé, font tonner de belles
phrafes, qui ne font peut-être que fur leurs
levres. Faites entrer en confidération la vie
paffée, les opinions & les talens bien con-
nus, & lorfque vos choix feront faits, lorfque les élus rempliront leurs nouvelles fonctions, foyez d'abord indulgens fur leurs mé-
prifes, fur les mal-entendus, fur les irrégu-
larités, cherchez à éclairer, à éclaircir ;
mais fi vous vous appercevez que quelques
ariftocraties nouvelles, que le defpotifme,
fous d'autres couleurs, faffent empiéter
fur les fonctions affignées, dénoncez, atta-
quez avec énergie, & forcez ces hommes
ambitieux à rentrer dans les limites des
devoirs qui leur font affignés. Sans cette
attention de votre part, fans cette énergie,
la confufion s'établiroit des mêmes bafes
dont vous devez attendre l'ordre. Tout
homme qui a le vrai fentiment de la liberté, porte celui de reconnoître le caractere facré de la loi : mais n'efpérez pas que
d'ici à quelque temps, ce fentiment foit général ; mettez votre zele à le propager ;
mettez-le à l'établiffement des nouvelles
loix : fi elles ne font pas refpectées, tout

C

eſt perdu. Dans le cas où le choix de vos concitoyens vous appelleroit vous-mêmes à remplir les fonctions publiques, faites bien connoître au Peuple ſes devoirs ; mettez toute la douceur, toute la prudence, toute la patience d'un bon pere, d'un ami, à lui donner ſur-tout une connoiſſance particuliere des loix qu'ils ſeroient portés à enfreindre ; mais ſi ces moyens ne vous réuſſiſſent pas, ſçachez braver ſa haine, ſachez vous livrer à ſes fureurs, ſachez en être la victime, plutôt que de compromettre la Conſtitution, en laiſſant établir cette nouvelle anarchie, dont les maux ſeroient incalculables. Tels doivent être les principes & les devoirs des vrais amis de la liberté.

A PARIS, chez N. H. NYON, Imprimeur du Parlement, rue Mignon

www.ingramcontent.com/pod-product-compliance
Lightning Source LLC
LaVergne TN
LVHW021644170726
843501LV00007B/2413